Illustration aus *Robin Hood*

Manches wurde nicht geplant und kam doch zur rechten Zeit. Zu Beginn des Jahres 2000 erschienen drei Bücher Rosemary Sutcliffs in neuem Gewand, darunter *Robin Hood*. Mit dieser Nacherzählung der Geschichten von dem legendären englischen Helden der Armen und Geächteten eröffnete Rosemary Sutcliff den Reigen ihrer herausragenden Romane für junge Leser. Das war 1950. Fünfzig Jahre später erschien eine neue deutsche Ausgabe mit den schwarzweißen Illustrationen der englischen Originalausgabe – ein kleines Jubiläum also.

Auch im Jubiläumsjahr 2007 des Verlags Freies Geistesleben, nach 60 Jahren verlegerischer Tätigkeit seit der Gründung 1947, erscheinen wieder drei Bücher Rosemary Sutcliffs in neuem Gewand: *Bruder Staubfuß*, *Scharlachrot* und *Der Ausgestoßene*.

Auch wenn wir Rosemary Sutcliff selbst nicht mehr begegnen können, so sind doch ihr historisches Gewissen und ihre Liebe zum Leben in jeder Zeile ihrer Bücher zu spüren. Dass dies auch im neuen Jahrhundert vielen neuen jungen Lesern möglich bleibe, dafür werden wir gerne sorgen.

Stuttgart im Januar 2007   *Jean-Claude Lin*

FREIES GEISTESLEBEN *EXTRA*

ROSEMARY SUTCLIFF – LEBEN UND WERK

Eine geniale und kompromisslose Chronistin

Man sollte nicht zu ernst und feierlich werden angesichts des plötzlichen Todes von Rosemary Sutcliff CBE (Commander of the Order of the British Empire), ist sie doch immerhin 72 Jahre alt geworden, trotz der zerstörerischen Stillschen Krankheit, an der sie seit ihrem zweiten Lebensjahr litt. Sie hatte ein schelmisches Wesen, ja zeitweise war ihre Haltung dem Leben gegenüber geradezu respektlos. Ihr bevorzugter Autor war Kipling. Einmal erzählte sie mir von ihrer besonderen Vorliebe für das *Elefantenkind*, weil dessen erste Tat mit dem neuen Rüssel darin bestand, dass es seine Verwandten, die sich auf unerträgliche Weise in alles einmischten, damit schlug. Doch ihre wahre Inspiration war die tiefe Beziehung, die Kipling mit der Landschaft und Geschichte von Sussex verband und die sie mit ihm teilte.

Der Höhepunkt ihrer Schaffenskraft zeigt sich in ihren «Römischen» Romanen. Zweifellos war Rosemary Sutcliff eine geniale Geschichtsschreiberin und als solche auch international anerkannt. Obgleich die meisten ihrer Bücher für Kinder publiziert wurden, zeigen viele, besonders *The Mark of the Horse Lord* (dt. *Das Stirnmal des Königs*), das Format und die kompromisslose Darstellungsweise, die sie zu einer wertvollen Bereicherung im Bücherregal eines jeden Historikers machen.

Obwohl sie mehr als fünfzig Romane schrieb, die die Zeitspanne vom Bronzealter bis ins 18. Jahrhundert umfassen, war ihr bevorzugtes Thema die Zeit der römischen Besatzung in Britannien und das Überleben der einheimischen Volksstämme während dieser Zeit. (Überleben ist eines ihrer Leitmotive.) Spannungsreich erzählt sie vom Leben der Legionen, vom Zusammenbruch des römischen Kaiserreiches, von den Nachkommen der ersten Legionäre, die das Licht der Zivilisation ins düstere Mittelalter trugen.

Im frühen Mittelalter entstanden die Legenden um König Artus; ihm galt ihre andere Vorliebe – sicher in Zusammenhang mit dem schon vorher erwähnten Leitmotiv. In die Artus-Legende (*König Artus und die Abenteuer der Ritter von der Tafelrunde*), die sie in *The Sword and the Circle* (dt. *Das Schwert und der Kreis*), *The Light beyond the Forest* (dt. *Das Licht jenseits des Waldes*) und *The Road to Camlann* (dt. *Der Weg nach Camlann*) für Kinder und in *The Sword at Sunset* für Erwachsene nacherzählt, bringt sie ihre außergewöhnliche erzählerische Begabung und einen Hauch persönlichen Zaubers ein.

Die beliebtesten römischen Romane, *The Eagle of the Ninth* (dt. *Der Adler der Neunten Legion*), *The Silver Branch* (dt. *Der silberne Zweig*) und *The Lantern Bearers* (dt. *Die Fackelträger*), mit denen sie die Carnegie Medaille errang, erfüllt sie mit glühendem Leben und einer ungeheuren Unmittelbarkeit – das Ergebnis sorgfältiger Forschung, die durch ihre außergewöhnliche Fantasie bereichert und genährt wurde.

In *Song for a Dark Queen* (dt. *Lied für eine dunkle Königin*) feiert sie eine ihrer wenigen Heldinnen, Boudicca, und sie war zugleich überrascht und amüsiert über die Wirkung dieses Buches: Sie erhielt «The Other Award», einen Preis, der normalerweise bewussteren Feministinnen zugesprochen wird.

Viele von Rosemary Sutcliffs Bewunderern sind begeistert von den glänzend beschriebenen Details in ihrem Werk, die eine greifbare Vorstellung vom Northumbrischen Wald, einem schlafenden Wolfshund, einem jungen römischen Soldaten inmitten von Lärm, Schlamm und Schlachtgetümmel heraufbeschwören. Möglicherweise wissen sie gar nicht, dass Rosemary Sutcliff im Alter von vierzehn Jahren die Schule verließ («Es war hoffnungslos mit mir in allen Fächern, Englisch, Geschichte, Naturkunde, Latein – alles Dinge, die mich jetzt interessieren ...»), um Kunst zu studieren, doch nur wenige dieser Bewunderer wird es überraschen, dass sie später eine hervorragende Miniaturzeichnerin wurde.

Rosemary Sutcliffs Feder musste verbreitert und gepolstert werden, damit ihre arthritische Hand sie führen konnte. Doch schrieb sie auf dem Höhepunkt ihres Schaffens an einem Tag 1.800 Wörter in ihrer winzigen Schrift auf ein einziges Folioblatt. Von jedem Roman machte sie wenigstens drei handgeschriebene Entwürfe, ehe sie zufrieden war. Am Abend vor ihrem Tode hatte sie gerade einen zweiten Entwurf fertiggestellt.

Sie war eine Berufene und eine Perfektionistin in ihrem ganzen Bemühen, und wie so viele ihrer Helden erhob sie sich über scheinbar unüberwindliche Hindernisse.

Elain Moss aus: *The Guardian* vom 27.7.1992.
Aus dem Englischen von Astrid von dem Borne.

ROSEMARY SUTCLIFF ÜBER SICH SELBST

Auszüge aus ihrer Autobiographie*

1. Frühe Beobachtungen

«Ein kleines Kind ist sich dessen, was es auf der Erde sieht, riecht und tastet, mit einer Unmittelbarkeit bewusst, die uns immer mehr verloren geht, je älter wir werden. Und so saß ich vor Tante Lucys Gartentor mit ausgestreckten Beinen und untersuchte und erlebte nach Herzenslust den kleinen Ausschnitt der Welt, die mich unmittelbar umgab. Rosaweiße Ackerwinde, die nach Marzipan roch, wand sich unten am neuen, rohen Holzzaun entlang, die Grasnarbe selbst war nicht nur Gras, sondern ein ganzer Wald von ineinandergeflochtenen Pflanzen wie Thymian, Roter Gauchheil, cremefarbener, nach Honig duftender Klee, Fingerkraut und der winzige, vollkommen ausgebildete Augentrost mit dem Tupfen himmlisch-sonnenhaften Gelbs im Herzen; alles dicht an der Erde auf Halmen, die nur ein oder zwei Zentimeter hoch waren.»

2. Bücher

«Meine Mutter fing an, mir vorzulesen, als ich noch sehr klein war. Sie las sehr schön vor und wurde nie müde. Von Anfang an las sie nie etwas, das ihr selber keine Freude machte; so waren alle jene Bücher gleich tabu, die in ihrem etwas niveaulosen Stil dennoch von allen Kindern geliebt werden. Die einzige Ausnahme war einmal in der Woche die Comic-Zeitschrift *Rainbow*, sonst bekam ich eine fein ausgewogene Mischung aus Beatrix Potter, A. A. Milne, Dickens, Stevenson, Hans Christian Andersen, Kenneth Grahame und Kipling – besonders *Puck of Pook's Hill* mit den drei prachtvollen Geschichten über die Römerzeit in Britannien bildete den Anfang meiner eigenen Leidenschaft für diese Zeit und trug so nach langer Reifezeit zur Entstehung des *Adler der Neunten Legion* bei. Heldensagen und Mythen der Griechen und Römer kannte ich auch, aus einer unzensierten Ausgabe, die meine Mutter hie und da während des Vorlesens entsprechend änderte, und die Sagen der Wikinger, Sachsen und Kelten. Dazu kamen Werke wie Whyte Melvilles *The Gladiators*, Bulwer-Lyttons *Last Days of Pompeii* und

---

*Licht über fernen Hügeln. Erinnerungen. Aus dem Englischen von C. A. Keppel. 180 Seiten, gebunden mit Schutzumschlag, Freies Geistesleben 1996

FREIES GEISTESLEBEN *EXTRA*

ROSEMARY SUTCLIFF ÜBER SICH SELBST

Weigals *Egyptian Princess*, denn meine Mutter liebte historische Romane, überhaupt Geschichte. Ihre Auffassung von Geschichte war allerdings immer eher die des Minnesängers als die des Historikers. Als ich etwa sechs Jahre alt war, beschloss sie, dass es für mich an der Zeit sei, lesen zu lernen. Und da machte sie einen Fehler. Statt mir einfach *Peter Rabbit, Der Geheime Garten* oder *Das Dschungelbuch* in die Hand zu drücken und zu sagen, ich solle mich jetzt daranmachen, sie zu lesen, holte sie ein schreckliches Buch hervor, in dem eine Familie Rotbäckchen vorkam, die im Haus nebenan wohnte und deren Kätzchen gerne Mätzchen machten – und erwartete, dass ich mich *damit* beschäftigte! Ich war empört – ich, die die Weltbühne mit der Schauspielerfamilie Crummle in Dickens' *Nicholas Nickleby* betreten und neben Beowulf im dunklen Heriotsaal gekämpft hatte!»

3. Behinderung

«Ich habe schon ausgeführt, dass behinderte Kinder entweder kein oder nur ein unvollständiges Bewusstsein davon haben, wie es um sie steht. Sie wissen, dass sie bestimmte Dinge nicht tun können wie andere Kinder. Sie wissen es sozusagen theoretisch, haben aber noch nicht die volle Bedeutung dessen erfasst. [...] So kam es, dass ich nicht richtig verstanden habe, dass meine Mutter in Wirklichkeit deshalb so stolz auf mich war,* weil ich mich darauf eingelassen hatte, mich mit der nicht-behinderten Welt auseinanderzusetzen – auf gleicher Ebene und mit gleichen Waffen (obwohl Letzteres nicht stimmt, denn mein Schwert war ja nicht aus Blech!). Und obwohl ich nicht Gleiches mit Gleichem vergolten habe, habe ich mich immerhin geweigert, eine Niederlage einzugestehen.»

*Nach einem Kampf mit Spielzeugschwertern
zwischen Rosemary und einem Nachbarsjungen.

4. Das Leben

«Es ist doch eines der großen Mysterien des Lebens, das durch die Liebe entsteht, dieses Gefühl, dass das Licht durch etwas hindurch, nicht nur auf etwas scheint, dass die ganze Welt von zarter Durchsichtigkeit ist und das Licht des Geistes durch die Materie durchscheint.»

FREIES GEISTESLEBEN *EXTRA*

«Ein Leben im Tag von Rosemary Sutcliff»
Gespräch mit Peter Hill Jones für das *Sunday Times Magazine*, 1984

Gewöhnlich wache ich ziemlich früh auf, und gegen halb acht bringt mir meine Haushälterin das Frühstück ans Bett. Ich trinke dann kannenweise Tee und lese meine Post, meistens langweilige Schreiben, wie sie jeder bekommt. Aber manchmal sind auch interessante Briefe dabei und hin und wieder etwas Fan-Post. Danach esse ich etwas Toast mit Marmelade, während Pippin, mein größter und ältester Chihuahua, auf meiner Brust hockt und um Häppchen bettelt.

Wenn ich mit dem Frühstück fertig bin, stehe ich auf, gehe in mein Arbeitszimmer und lese den *Daily Telegraph*, bevor ich mich hinsetze – denn wenn ich erst einmal sitze, stehe ich für den Rest des Tages nicht mehr auf.

Ich versuche vormittags mit der Arbeit zu beginnen und verbringe den Tag bis zum Abendessen mit Schreiben – mit Unterbrechungen, je nachdem, wie es sich ergibt. Es hat keinen Sinn, an regelmäßigen Arbeitszeiten festzuhalten: Freunde schauen vorbei oder jemand kommt, um für etwas zu sammeln. Das Telefon klingelt ständig [...]

Auf einem ersten Konzept schreibe ich vor dem Mittagessen nicht mehr als etwa 250 Wörter. Es ist immer anstrengend, das Wesentliche herauszuarbeiten – «erstes Behauen», wie es Sir Walter Raleigh nannte, und genauso ist es, dieses erste Strukturieren. Aber wenn das steht, das Skelett, der Hauptentwurf gemacht ist, kann ich anfangen, die Arbeit zu genießen. Ich gehe durch das Manuskript und notiere, was getan werden muss, was unterdrückt oder aufgebaut werden soll, lose Enden, die verknüpft werden wollen, und bisweilen bedeutende chirurgische Eingriffe, wenn etwa eine Figur komplett gestrichen oder eine andere hinzukommen soll. Das macht mir Spaß.

Ich schreibe von Hand und benutze einen leeren Füller, den ich in Tinte tauche. Ich kann mich glücklich schätzen, dass ich das eigentliche körperliche Gefühl des Schreibens als angenehm empfinde. Ich kann nur ganz oben aus dem Kopf heraus denken, und die Gedanken gehen meinen rechten Arm entlang und kommen an der Spitze meines Füllers heraus. Ich könnte nicht an einer Schreibmaschine denken und unmöglich diktieren.

[...] Um etwa sieben Uhr abends höre ich mit der Arbeit auf, und es gibt ein leichtes Abendessen, Rührei zum Beispiel. Dann entspanne ich mich ... sehe fern oder häkele. Leider bleibt mir nicht viel Zeit zu lesen. Fast meine

ROSEMARY SUTCLIFF ÜBER SICH SELBST

ganze Lektüre dient Recherchezwecken, aber wenn ich dann zum Spaß lese, widme ich mich oft Kinderbüchern. Mit Vergnügen greife ich immer wieder auf Kipling zurück. Wenn ich schließlich zu Bett gehe, irgendwann so zwischen zehn und elf, nehme ich entweder Forschungsliteratur mit oder ein Buch und lese gewöhnlich bis kurz nach Mitternacht.

> Swallowshaw
> Walberton
> Arundel
> Sussex
> BN18 0PQ
>
> Feb 23rd 91
>
> Dear Jean-Claude,
>
> Thank you for your letter. I'm glad you are glad about Tristan.
>
> Now, as to my present and future work; I am writing a book at the moment, but it is coming rather slowly, I am afraid, and anyway I have a THING about not talking about a book before it is finished, and I never make plans ahead of the next book. I am so sorry!
>
> All good wishes
> Rosemary

Lieber Jean-Claude, danke für deinen Brief; ich freue mich, dass *du* dich über *Tristan* freust. Bezüglich deiner Frage nach meinen derzeitigen und zukünftigen Projekten: Ich arbeite gerade an einem Buch, aber ich fürchte, es geht ziemlich langsam voran. Und überhaupt: ich habe einen TICK, niemals über ein Buch zu sprechen, bevor es fertig ist, und ich mache niemals Pläne über das nächste Buch hinaus. Tut mir so leid! Alle guten Wünsche, *Rosemary*.

FREIES GEISTESLEBEN *EXTRA*

EIN BRIEF ALS NACHWORT, DAS ABER NICHT ERSCHIEN

Einen Einblick in die Art, wie Rosemary Sutcliff mit ihren Figuren und Geschichten lebte, gibt folgende Antwort auf den Brief eines Lesers über den Ausgang ihres Buches The Shining Company (dt. *Die glorreichen Dreihundert*). Der Leser fragte, was mit den Gododdin nach der Niederlage der «Dreihundert» geschehen sei und ob es eine Fortsetzung der Geschichte gebe, wie das Ende es eigentlich nahelegt. Auch wollte er wissen, warum Prosper nicht nach Hause zurückgekehrt sei, um von seinem Vater und Luned Abschied zu nehmen. Rosemary Sutcliff antwortete in ihrer charakteristischen, sachlich-mitfühlenden Art:

Lieber J.-C., 8.8.1990
vielen Dank für deinen Brief. Ja, ich weiß was du meinst wegen dem Ende der *Glorreichen Dreihundert*. Es ist sicher ein offenes Ende und könnte gut eine Fortsetzung einleiten, obwohl ich niemals eine geschrieben habe. Vielleicht hat das Schicksal Cynan und Prosper in verschiedene Richtungen verschlagen, vielleicht kommen sie nie nach Konstantinopel. Ich könnte mir vorstellen, dass Cynan sein Leben als Einsiedler beendet hat. Man müsste darüber nachdenken ...

Das letzte Gefecht der «Dreihundert» brachte den Briten eine kleine Atempause, aber nur 3 oder 4 Jahre, weil sie es nicht geschafft hatten, den Sachsen-König zu töten. Danach gelang den Sachsen ein enormer Vorstoß, der Wales von dem Norden Englands trennte, sodass es zum ersten Mal nicht nur ein Volk (verteilt auf mehrere Fürstentümer), sondern zwei verschiedene Völker gab. Und als sich der Rauch verzieht, ist Dyn-Eidin gefallen. Es ist alles sehr traurig!

Ich habe tiefes Mitgefühl für Mynydogg, der in einer unmöglichen Situation gefangen saß und nur einen Ausweg sah, die Katastrophe zu verhindern – und dann scheiterte er an der Unfähigkeit der Stämme zusammenzuhalten. Aber Cynan hat nicht die nötige Distanz, um dies zu erkennen – vielleicht in späteren Jahren.

Prosper hatte weder zu seinem Vater noch zu seinem Bruder eine starke Bindung, die ihn davon abgehalten hätte, Abschied zu nehmen (und sie würden alles über ihn von Conn erfahren. – Er sandte Grüße nach Hause an jeden, den es interessierte). Seine Beziehung zu Luned war vielleicht *zu* stark, sodass er dachte, es sei besser für sie alle drei, nicht zurückzugehen. Ich glaube auch, dass er auf seine Art ziemlich kriegsgeschädigt war, und sein einziger Instinkt war es, mit Cynan zu gehen, nachdem er keinen eigenen Prinz mehr hatte, dem er folgen könnte. Ich hoffe, dass du dich jetzt besser mit dem Ende anfreunden kannst.

Alle guten Wünsche, *Rosemary Sutcliff*

FREIES GEISTESLEBEN *EXTRA*

The Chronicles of Robin Hood, Oxford University Press 1950
dt. *Robin Hood*, Freies Geisteslebenen 1984/2000/2006, dtv junior 1987

The Queen Elisabeth Story, Oxford University Press 1950

The Armourer's House, Oxford University Press 1951

Brother Dusty-Feet, Oxford University Press 1952
dt. *Bruder Staubfuß*, C. Bertelsmann 1959, Urachhaus 1984/1995
Neuausgabe Freies Geisteslebenen 2007

Simon, Oxford University Press 1953
dt. *Simon, der Kornett*, Union 1963 / Taschenbuchausgabe Freies Geisteslebenen 1996

The Eagle of the Ninth, Oxford University Press 1954
dt. *Der Adler der Neunten Legion*, Union 1964, dtv junior 1971
Neuübersetzung Freies Geisteslebenen 2004

Outcast, Oxford University Press 1955
dt. *Beric, der Ausgestoßene*, C. Bertelsmann 1959, *Der Ausgestoßene*
Urachhaus 1986 / Neuausgabe Freies Geisteslebenen 2007

The Shield Ring, Oxford University Press 1956
dt. *Der Schildwall*, Union 1966 /
Taschenbuchausgabe Freies Geisteslebenen 1995

Lady in Waiting, Hodder and Stoughton 1956

The Silver Branch, Oxford University Press 1957
dt. *Der silberne Zweig*, Union 1965, dtv junior 1972
Neuübersetzung Freies Geisteslebenen 2005

Warrior Scarlett, Oxford University Press 1958
dt. *Scharlachrot*, C. Bertelsmann 1961, Urachhaus 1985, dtv junior 1990
Neuausgabe Freies Geisteslebenen 2007

The Lantern Bearers, Oxford University Press 1959
dt. *Drachenschiffe drohen am Horizont*, Thienemann 1962/1965,
dtv junior 1977 / Neuübersetzung unter dem Titel *Die Fackelträger*,
Freies Geisteslebenen 2006

The Rider of a White Horse, Hodder and Stoughton 1959

The Bridge-Builders, Blackwell 1959

Houses and History, Batsford 1960

Knight's Fee, Oxford University Press 1960
dt. *Randal, der Ritter*, Union 1967, Freies Geisteslebenen 1982, dtv junior 1987
Neuausgabe Freies Geisteslebenen 2000/2006

Rudyard Kipling, The Bodley Head 1960

DIE WERKE VON ROSEMARY SUTCLIFF

Beowulf, The Bodley Head 1961
dt. *Beowulf der Drachentöter*, Freies Geistesleben 1994

Dawn Wind, Oxford University Press 1961
dt. *Frühwind*, C. Bertelsmann 1963
dt. *Owins Weg in die Freiheit*, Urachhaus 1983, dtv junior 1995
dt. *Morgenwind*, Freies Geistesleben 1997

The House of Ulster, The Bodley Head 1963

Sword at Sunset, Hodder and Stoughton 1963

Heroes and History, Batsford 1965

The Mark of the Horse Lord, Oxford University Press 1965
dt. *Das Stirnmal des Königs*, Union 1969, Urachhaus 1981

A Saxon Settler, Oxford University Press 1965

The Chief's Daughter, Hamish Hamilton 1967
dt. *Die Tochter des Häuptlings*, Hörnemann 1971 /
in dem Band: *Das vertauschte Kind*, Urachhaus 1983 / Neuausgabe
unter dem Titel *Die Häuptlingstochter*, Freies Geistesleben 2006

The High Deeds of Finn MacCool, The Bodley Head 1967
dt. *Die Heldentaten des Finn MacCool*, Urachhaus 1981

A Circlet of Oak Leaves, Hamish Hamilton 1968
dt. *Ein Kranz aus Eichenlaub* in dem Band: *Die Häuptlingstochter*,
Freies Geistesleben 2006

The Flowers of Adonis, Hodder and Stoughton 1969

The Witch's Brat, Oxford University Press 1970
dt. *Das Hexenkind*, Hörnemann 1972, Freies Geistesleben 1979 /
dtv junior 1983 / Neuausgabe Freies Geistesleben 2000/2004

Tristan and Iseult, The Bodley Head 1971
dt. *Tristan und Iseult*, Freies Geistesleben 1992, dtv junior 1998

The Truce of the Games, Hamish Hamilton 1971
dt. *Wettkampf in Olympia*, Hörnemann 1972 / *Frieden für die Spiele*
in dem Band: *Das vertauschteKind*, Urachhaus 1983 / in dem Band:
Die Häuptlingstochter, Freies Geistesleben 2006

Heather, Oak and Olive: Three Stories, Dutton 1972

The Capricorn Bracelet, Oxford University Press 1973

The Changeling, Hamish Hamilton 1974
dt. *Das vertauschte Kind* Urachhaus 1983 / in dem Band:
Die Häuptlingstochter, Freies Geistesleben 2006

FREIES GEISTESLEBEN *EXTRA*

Blood Feud, Oxford University Press 1976

Shifting Sands, Hamish Hamilton 1977
dt. *Wandernder Sand*, Urachhaus 1983 / *Treibsand* in dem Band:
Die Häuptlingstochter, Freies Geistesleben 2006

Sun Horse, Moon Horse, The Bodley Head 1977
dt. *Lubrin und das Sonnenpferd*, Urachhaus 1982

Song for a Dark Queen, Pelham 1978
dt. *Lied für eine dunkle Königin*, Freies Geistesleben 1996

Frontier Wolf, Oxford University Press 1980

The Light beyond the Forest, The Bodley Head 1979
dt. *Galahad*, Freies Geistesleben 1980 / *Das Licht jenseits des Waldes*
in *König Artus und die Abenteuer der Ritter von der Tafelrunde*,
Freies Geistesleben 2003/2006

The Sword and the Circle, The Bodley Head 1981
dt. *Merlin und Artus*, Freies Geistesleben 1982 / *Das Schwert und der Kreis*
in *König Artus und die Abenteuer der Ritter von der Tafelrunde*,
Freies Geistesleben 2003/2006

The Road to Camlann, The Bodley Head 1981
dt. *Lancelot und Ginevra*, Freies Geistesleben 1983 / *Der Weg nach
Camlann* in *König Artus und die Abenteuer der Ritter von der Tafelrunde*,
Freies Geistesleben 2003/2006

Die Artus-Trilogie: *Die Abenteuer der Ritter von der Tafelrunde*,
Freies Geisteleben 1986/2003, dtv junior 1996 / *König Artus und die
Abenteuer der Ritter von der Tafelrunde*, Freies Geistesleben 2006

Eagle's Egg, Hamish Hamilton 1981

Blue Remembered Hills: A Recollection, The Boldey Head 1983
dt. *Licht über fernen Hügeln. Erinnerungen*, Freies Geistesleben 1996

Bonnie Dundee, The Bodley Head 1983
dt. *Bonnie Dundee*, Union 1986, dtv junior 1992

Das vertauschte Kind: Fünf Erzählungen, Urachhaus 1983 / Neuausgabe unter dem
Titel *Die Häuptlingstochter*, Freies Geistesleben 2006

Flame-Coloured Taffeta, Oxford University Press 1985

Mary Bedell, Chichester 1986

The Round about Horse, Hamish Hamilton 1986

The Best of Rosemary Sutcliff, Chancellor 1987

Blood and Sand, Hodder and Stoughton 1987

DIE WERKE VON ROSEMARY SUTCLIFF

Little Hound found, Hamish Hamilton 1989

The Shining Company, The Bodley Head 1990
dt. *Die glorreichen Dreihundert*, Urachhaus 1992

Black Ships before Troy, Frances Lincoln 1993
dt. *Schwarze Schiffe vor Troja*, von Alan Lee illustrierte Ausgabe der Nacherzählung der *Ilias*, Freies Geistesleben 1996/2000/2004

Chess-Dream in a Garden, Walker Books 1993

The Minstrel and the Dragon Pup, Walker Books 1993

The Wanderings of Odysseus, Frances Lincoln 1995
dt. *Die Rückkehr des Odysseus*, von Alan Lee illustrierte Ausgabe der Nacherzählung der *Odyssee*, Freies Geistesleben 1998/2005

Sword Song, The Bodley Head 1997. Der letzte Roman, an dem Rosemary Sutcliff vor ihrem Tod noch schrieb.

Troja und die Rückkehr des Odysseus. Die Geschichte der Ilias und der Odyssee, Freies Geistesleben 2004

«In den Jahren nach dem Zweiten Weltkrieg stand ein Name über allen anderen: der Rosemary Sutcliffs (1920-92). Ihre bedeutendsten Bücher vereinen eine bezwingende erzählerische Kraft mit der Erforschung wichtiger und faszinierender Themen.»

John Rowe Townsend, *Written for Children: an outline of English language children's literature*. Harmondsworth: Penguin 1976.

«Rosemary Sutcliffs historische Romane öffneten einer ganzen Generation von Kindern die Augen für die Vergangenheit. Sie setzten außerdem durch ihren Scharfblick, ihre Leidenschaft und ihr Engagement einen neuen Maßstab für historische Romane in der Jugendliteratur. Sutcliff war eine anspruchsvolle Schriftstellerin, die viel von ihren Lesern erwartete – ein Grund, weshalb ihre Bücher auch die Erwartungen erwachsener Leser in höchstem Maße zufriedenstellen. Mit unglaublich sicherem Gespür sowie [...] einem scharfen Gehör für den Dialog der Vergangenheit beschwört sie Zeit und Raum herauf.»

The Independent, 27.7.1992, Obituaries – Rosemary Sutcliff

Robin Hood
Mit Illustrationen von C. Walter Hodges
Aus dem Englischen von Sabine Gabert
Neuausgabe, 6. Auflage 2006, 237 Seiten. geb.
ISBN 978-3-7725-1871-3 · (ab 11 Jahren)

Robin Hood – mutig und freiheitsliebend
Als Richard Löwenherz in Dürnstein gefangen saß und sein Bruder Johann mit harter Hand in England herrschte, sorgte Robin Hood mit einigen Getreuen auf seine Weise für Gerechtigkeit: Er nahm von den reichen Herren, die nur auf ihren Vorteil bedacht waren, und beschenkte die Armen.

Das Hexenkind
Mit Illustrationen von Robert Micklewright
Aus dem Englischen von Elisabeth Epple
Neuausgabe, 5. Auflage 2004, 125 Seiten, geb.
ISBN 978-3-7725-1872-0 · (ab 11 Jahren)

Lovel nimmt sein Schicksal in die Hand
Nach dem Tod seiner kräuterkundigen Großmutter wird der bucklige Lovel aus dem Dorf vertrieben. Der Junge landet in einem Kloster, wo er bald seine Fähigkeit zu heilen entdeckt. Eines Tages erscheint Rahere, der Hofnarr des Königs, und macht Lovel ein überraschendes Angebot …

Randal, der Ritter
Mit Illustrationen von Charles Keeping
Aus dem Englischen von Gustav Keim
Neuausgabe, 4. Auflage 2006, 275 Seiten, geb.
ISBN 978-3-7725-1873-7 · (ab 12 Jahren)

Randals Weg zum Ritterschlag
Als Leibeigener fristet Randal auf der Normannenburg des Lords von Arundel ein jämmerliches Dasein, bis ihn Herluin, ein fahrender Sänger zum Ritter d'Aguillion in die Ausbildung schickt. Gemeinsam mit Bevis, dem Enkel des Ritters, wächst Randal auf dem Landgut Dean auf, nicht ahnend, welche Abenteuer ihn erwarten.

ROSEMARY SUTCLIFF IM VERLAG FREIES GEISTESLEBEN

Scharlachrot
Mit Illustrationen von Charles Keeping
Aus dem Englischen von Ilse v. Lauterbach
Jubiläumsausgabe 2007, 249 Seiten, geb.
ISBN 978-3-7725-2171-3 · (ab 12 Jahren)

Der einsame Kampf mit dem Wolf
Scharlachrot ist die Farbe der Krieger. Und tragen darf sie nur, wer einen Wolf getötet hat. Wie soll das Drem gelingen, dem Jungen, der nur seinen linken Arm gebrauchen kann? Mit Kraft, Geschicklichkeit und ungeheurem Mut erkämpft sich der Außenseiter einen Platz unter seinen Speerbrüdern.

Bruder Staubfuß
Mit Illustrationen von C. Walter Hodges
Aus dem Englischen von Birgitta Kicherer
Jubiläumsausgabe 2007, 225 Seiten, geb.
ISBN 978-3-7725-2172-0 · (ab 10 Jahren)

Ein Junge reißt aus …
Hugh träumt davon, in Oxford zu studieren, wie früher sein Vater, der Pastor. Aber es kommt alles ganz anders. Er gerät an eine Truppe von Wanderschauspielern und zieht mit ihnen kreuz und quer durch England. Und immer ist Hughs bester Freund dabei: der treue, kluge Hund Argos.

Der Ausgestoßene
Aus dem Englischen von Birgitta Kicherer
Jubiläumsausgabe 2007, 277 Seiten, geb.
ISBN 978-3-7725-2173-7 · (ab 12 Jahren)

Odyssee eines Galeerensklaven
Wen der Druide nicht gutheißt, der hat bei den Kelten auf Dauer keinen Platz. Beric wird als Baby aus dem Meer gerettet. Wächst bei einer keltischen Familie auf, bis er als junger Mann ausgestoßen wird – seiner römischen Herkunft wegen. Die Römer aber lernt er als Sklave kennen …

FREIES GEISTESLEBEN *EXTRA*

Der Adler der Neunten Legion
Mit Illustrationen von C. Walter Hodges
Aus dem Englischen von Astrid von dem Borne
Neuübersetzung 2004, 320 Seiten, geb. m. SU
ISBN 978-3-7725-1754-9 · (ab 12 Jahren)

Die Suche nach dem verlorenen Adler
Um das Jahr 117 n. Chr. marschierte die Neunte Legion der römischen Armee in Nord-Britannien in den Nebel hinein und wurde nie wieder gesehen. Viertausend Mann verschwanden spurlos und mit ihnen ihre berühmte Standarte mit dem Adler …

Der silberne Zweig
Aus dem Englischen von Astrid von dem Borne
Neuübersetzung 2005, 252 Seiten, geb. m. SU
ISBN 978-3-7725-1755-6 · (ab 11 Jahren)

Der Adler kehrt zurück
Als Justin und Flavius, zwei römische Offiziere, zufällig eine Verschwörung zum Sturz des Kaisers Carausius von Britannien aufdecken, werden sie in einen verzweifelten Machtkampf verwickelt. Gleichzeitig wird Roms Einfluss schwächer …

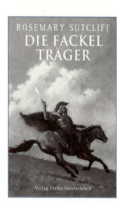

Die Fackelträger
Aus dem Englischen von Astrid von dem Borne
Neuübersetzung 2006, 320 Seiten, geb. m. SU
ISBN 978-3-7725-1756-3 · (ab 13 Jahren)

Wer rettet Britannien?
Die Schiffe haben die Segel gesetzt: Rom ruft seine letzten Truppen zurück und lässt Britannien mit seinen inneren Kämpfen und dem immer mächtigeren Ansturm der Sachsen allein. – Der junge Aquila entschließt sich im letzten Augenblick zur Desertion …

ROSEMARY SUTCLIFF IM VERLAG FREIES GEISTESLEBEN

Morgenwind
Aus dem Englischen von Alfred Nordmann
1992, 285 Seiten, geb. m. SU
ISBN 978-3-7725-1655-9 · (ab 13 Jahren)

Owins langer Weg in die Freiheit
Ein von Gefallenen übersätes Schlachtfeld, eine von den feindlichen Sachsen zerstörte Stadt – sie bilden die Welt, die den 14-jährigen Owin umgibt. Seine Heimat hat er verloren ... Um das Bettelmädchen Regina zu retten, opfert er das Einzige, das er noch hat: seine Freiheit.

Der Schildwall
Eine Erzählung aus der Zeit der Normannenherrschaft in England
Mit Illustrationen von C. Walter Hodges
Aus dem Englischen von Ilse Wodtke
1995, 264 Seiten, kartoniert
ISBN 978-3-7725-2012-9 · (ab 11 Jahren)

Björn und Frytha halten zusammen
Eine Geschichte um den erbitterten Widerstand des alten Wikingerstammes gegen die Normannen.

«In Rosemary Sutcliffs Händen hat das historische Jugendbuch an Leidenschaft, Tiefe und Einblick gewonnen.» *Twentieth Century Children's Writers*

Simon der Kornett
Eine Erzählung aus der Zeit Oliver Cromwells
Aus dem Englischen von Ilse Wodtke
1996, 300 Seiten, kartoniert
ISBN 978-3-7725-2016-7 · (ab 12 Jahren)

Wenn der Freund zum Feind wird
Die unbeschwerte Kindheit der beiden unzertrennlichen Freunde Simon und Amias findet durch den Beginn des englischen Bürgerkrieges ein jähes Ende.

«Eines der besten Bücher einer erfolgreichen Autorin.» *The Guardian*

FREIES GEISTESLEBEN *EXTRA*

Tristan und Iseult
Mit Illustrationen von Victor Ambrus
Aus dem Englischen von Astrid von dem Borne
2. Auflage 1996, 134 Seiten, geb. m. SU
ISBN 978-3-7725-1139-4 · (ab 13 Jahren)

Die große Liebesgeschichte von Tristan und Isolde
«Eine poetische, bilderreiche Sprache macht die in dieser Weise nacherzählte Sage nicht nur für jugendliche Leser lesenswert.»
Willi Fährmann, Der evangelische Buchberater

Lied für eine dunkle Königin
Aus dem Englischen von Astrid von dem Borne
1996, 195 Seiten, geb. m. SU
ISBN 978-3-7725-1191-2 · (ab 13 Jahren)

Der Kampf der stolzen, eigenwilligen Boudicca
In einem letzten verzweifelten Aufstand versuchten die keltischen Stämme Britanniens im ersten Jahrhundert n. Chr. ihre Freiheit gegen die Römer zu verteidigen. Den Aufstand führte eine Frau, die icenische Königin Boudicca. Wer war sie?

Beowulf der Drachentöter
Mit Illustrationen von Victor Ambrus
Aus dem Englischen von Astrid von dem Borne
1994, 110 Seiten, geb. m. SU
ISBN 978-3-7725-1190-5 · (ab 9 Jahren)

Beowulfs Kampf mit den Ungeheuern der Nacht
«Vom erzählerisch geschickten Vorspann bis zum ergreifenden Begräbnis des Helden hat die Autorin auch manches von germanischer Lebens- und Denkweise eingeflochten. Ihr Beowulf ist die derzeit schönste Nacherzählung im Deutschen.»
Klaus Seehafer, Frankfurter Allgemeine Zeitung

ROSEMARY SUTCLIFF IM VERLAG FREIES GEISTESLEBEN

Troja
und die Rückkehr des Odysseus
Aus dem Englischen von Astrid von dem Borne
2. Auflage 2004, 248 Seiten, geb. m. SU
ISBN 978-3-7725-1842-3 · (ab 12 Jahren)

Rosemary Sutcliffs geniale Nacherzählung der Ilias und der Odyssee in einem Band!
«Für Leser ab etwa 12 Jahren sind die historischen Jugendromane von Rosemary Sutcliff unübertroffen.»
Hans ten Doornkaat,
Neue Zürcher Zeitung am Sonntag

König Artus
und die Abenteuer der Ritter von der Tafelrunde
Mit Zeichnungen von Shirley Felts
Aus dem Englischen von Thomas Meyer
2. Auflage 2006, 608 Seiten, geb. m. SU
ISBN 978-3-7725-2244-4 · (ab 11 Jahren)

Die große Artus-Trilogie in einem Band
«Selten habe ich die Adaption eines großen delikaten Stoffes für Kinder so gelungen gefunden.»
Hans-Christian Kirsch, Die Zeit

Die Häuptlingstochter
Geschichten von mutigen Wegen in eine neue Welt
Aus dem Englischen von Alfred Nordmann
2. Auflage 2006, 159 Seiten, geb. m. SU
ISBN 978-3-7725-2274-1 · (ab 11 Jahren)

Würde ich das wagen?
Fünf herausragende Geschichten der genialen Erzählerin Rosemary Sutcliff, in denen es um Mut, Opferbereitschaft und das Stehen zu sich selbst geht.

Die *Ilias* und die *Odyssee,* neu erzählt von Rosemary Sutcliff, mit den atemberaubenden Illustrationen von Alan Lee, Conceptual Artist des Films *Der Herr der Ringe* von Peter Jackson.

Schwarze Schiffe vor Troja
Die Geschichte der Ilias.
Illustriert von Alan Lee.
Aus dem Engl. von Astrid von dem Borne.
3. Aufl. 2004, 128 S., durchg. farbig, geb. mit SU
ISBN 978-3-7725-1661-0 · (ab 11 Jahren)

Ausgezeichnet mit der «Kate Greenaway Medaille», der höchsten Anerkennung für ein illustriertes Kinderbuch in England.

Die Rückkehr des Odysseus
Die Geschichte der Odyssee.
Illustriert von Alan Lee.
Aus dem Engl. von Astrid von dem Borne.
2. Aufl. 2005, 128 S., durchg. farbig, geb. mit SU
ISBN 978-3-7725-1662-7 · (ab 11 Jahren)

Ausgezeichnet mit der «Eule des Monats» Juni 1998 der Zeitschrift *Bulletin Jugend + Literatur* als herausragendes Werk der Jugendliteratur.